Arte y cultura

Exploremos el
Louvre

Figuras

Marc Pioch, M.Ed.

Asesoras

Michele Ogden, Ed.D
Directora, Irvine Unified School District

Jennifer Robertson, M.A.Ed.
Maestra, Huntington Beach City School District

Créditos de publicación

Rachelle Cracchiolo, M.S.Ed., *Editora comercial*
Conni Medina, M.A.Ed., *Gerente editorial*
Dona Herweck Rice, *Realizadora de la serie*
Emily R. Smith, M.A.Ed., *Realizadora de la serie*
Diana Kenney, M.A.Ed., NBCT, *Directora de contenido*
Stacy Monsman, M.A., *Editora*
Kevin Panter, *Diseñador gráfico*

Créditos de imágenes: Portada y pág. 1 Rafael Ben-Ari/
Chameleons Eye/Newscom; pág. 6 Ceronne; pág. 7 Mark Seidler/
Getty Images; pág. 8 Bibliothèque nationale de France;
págs. 16-17 Stephane de Sakutin/AFP/Getty Images; pág. 19
Hemis/Alamy Stock Photo; pág. 21 Rafael Ben-Ari/Chameleons
Eye/Newscom; pág. 24 (superior), contraportada Interfoto/Alamy
Stock Photo; págs. 24-25 picturelibrary/Alamy Stock Photo;
pág. 26 Miguel Medina/AFP/Getty Images; pág. 29 topdog
images/Alamy Stock Photo; todas las demás imágenes de iStock
y/o Shutterstock.

Teacher Created Materials

5301 Oceanus Drive
Huntington Beach, CA 92649-1030
http://www.tcmpub.com

ISBN 978-1-4258-2897-4

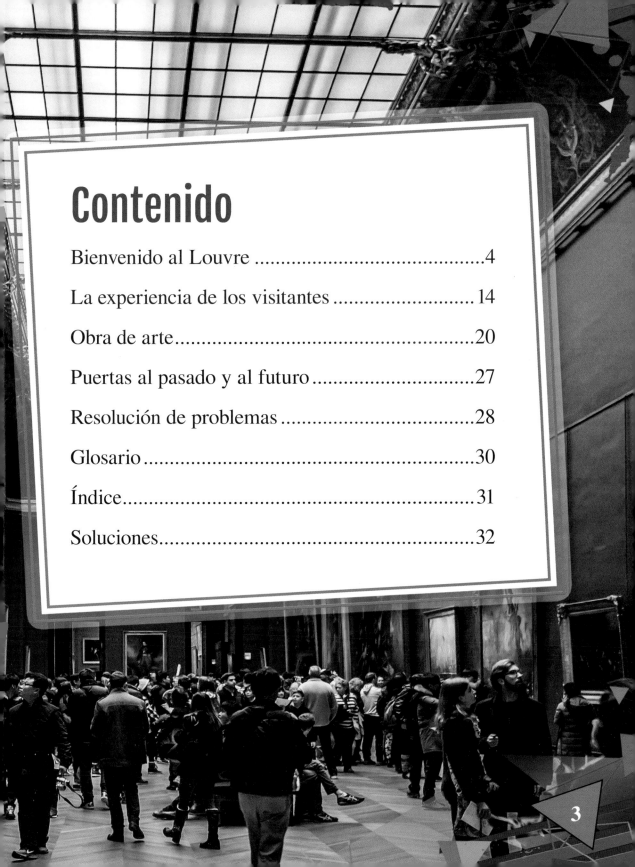

Contenido

Bienvenido al Louvre

París, Francia, es conocida como la "Ciudad de la Luz". También es famosa por ser la sede de uno de los museos más grandes del mundo. Los visitantes no pueden perderse el Louvre. Se trata de un enorme **palacio** del siglo XVI sobre la margen derecha del río Sena. Hay cuatro pirámides de cristal enfrente de él.

El exterior del Louvre no es la única parte extraordinaria. El interior también maravilla a los visitantes. Es el hogar de muchas obras de arte famosas. Se requiere de muchas personas para mantener el Louvre funcionando y en buen estado. Sus dos mil empleados comparten datos sobre el museo y su arte. Y ayudan a cuidar todas las obras. Es algo vital para un lugar como el Louvre. ¡Más de ocho millones de personas visitan el Louvre cada año!

La creación de un museo

El Louvre, tal como lo conocemos, ha estado funcionando por más de doscientos años. Pero no siempre estuvo abierto al público. Y no siempre fue un museo. En 1190, el rey Felipe II construyó un fuerte donde algún día estaría el Louvre. Pensaba que el fuerte ayudaría a proteger París. Tiempo después, los reyes lo usaron como su palacio en París. En 1546, el rey Francisco I hizo demoler el fuerte. Pensaba que se veía muy viejo. Así que construyó un nuevo hogar. Lo llamó "el Louvre".

Luego, en 1682, el rey Luis XIV trasladó su corte fuera de París. El Louvre estuvo vacío durante años. Pero entonces, algunos artistas fueron a vivir y trabajar allí. En 1789, un nuevo **gobierno**, sin reyes ni reinas, llegó al poder. Les gustaba el arte que había en el Louvre y agregaron más arte. El museo abrió sus puertas cuatro años después. Albergó más de quinientas obras de arte.

Cimientos medievales del Louvre

6

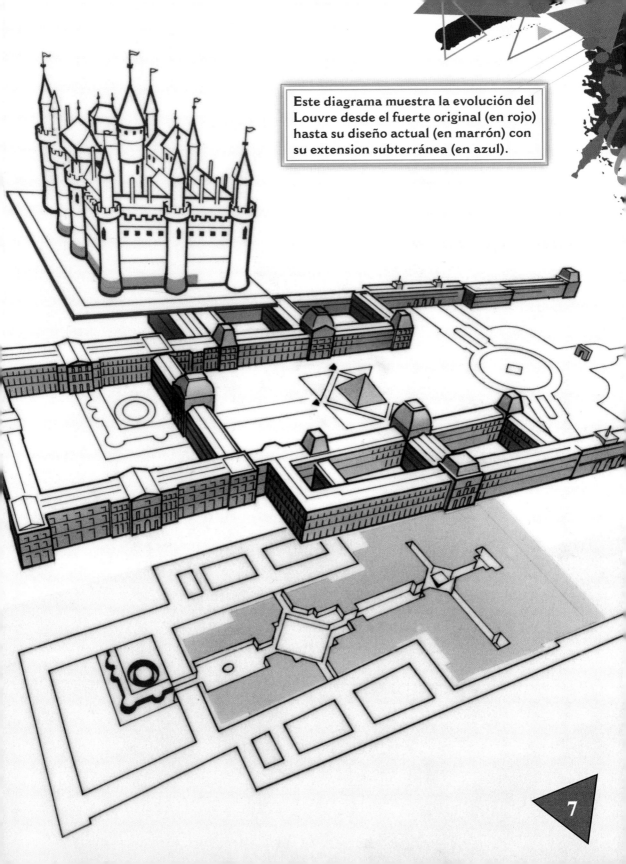

Este diagrama muestra la evolución del Louvre desde el fuerte original (en rojo) hasta su diseño actual (en marrón) con su extension subterránea (en azul).

El museo creció a lo largo de los años hasta convertirse en uno de los más grandes del mundo. Entonces, ¿qué tan grande es "grande"? Es más grande que 11 campos de fútbol americano. Y tiene más de setecientas veces más la cantidad de obras que tenía cuando abrió.

Con tantas obras, puede ser útil hacer algunas separaciones. El Louvre tiene pocas divisiones. Hay cuatro pisos. También se divide entre el "Viejo Louvre" y el "Nuevo Louvre". El Viejo Louvre recibe a muchos visitantes. Muestra algunas de las obras de arte más famosas. El Nuevo Louvre es más moderno. Todos los visitantes deben ver al menos un poco del Nuevo Louvre. Después de todo, allí es donde se encuentra la entrada principal.

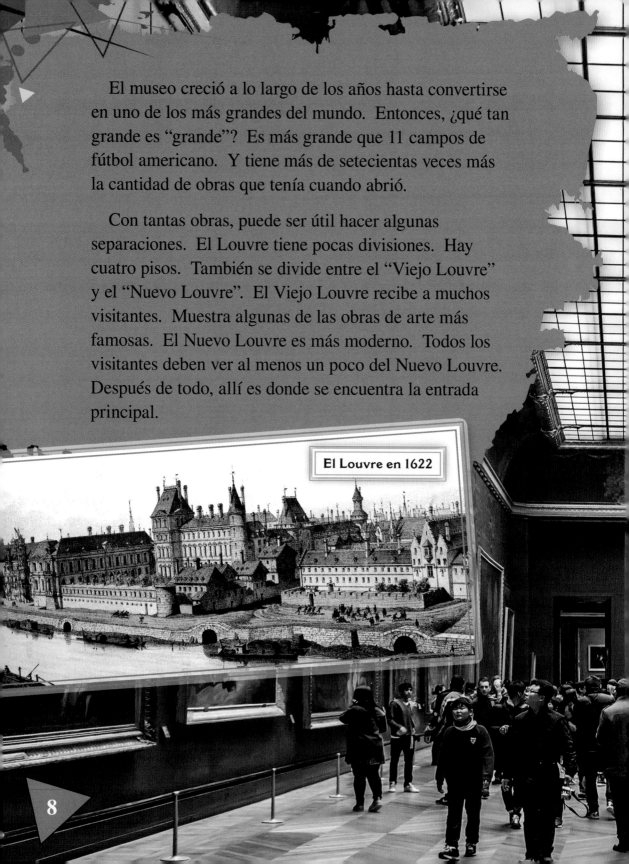

El Louvre en 1622

El Louvre hoy

Imagina que este rectángulo es uno de los niveles del Louvre. Muestra al menos dos maneras de dividirlo en dos partes iguales o mitades.

La entrada principal

El Louvre no tiene una entrada sencilla para los visitantes. Eso sería demasiado normal para un museo de arte en un antiguo palacio. En cambio, el gran **patio** posee cuatro pirámides de cristal. I. M. Pei las diseñó en la década de 1980. Pei es de origen chinoestadounidense. Fue el primer arquitecto no francés en trabajar en el Louvre.

La pirámide más grande es la entrada. Pei la hizo con más de 70 pies (21 metros) de altura. ¡Eso es como 7 elefantes apilados uno encima del otro! Está hecha de formas de cristal unidas por varas de acero. Hay 603 rombos y 70 triángulos.

La famosa pirámide de entrada en el patio del Louvre

Los visitantes no pueden perderse la belleza de esta entrada. Durante el día, el cristal brilla con la luz del sol. De noche, se ilumina como si fueran diamantes. En cualquier momento, día o noche, las pirámides son obras de arte.

Una cara de la gran pirámide es un triángulo hecho de cientos de formas de cristal. Imagina que el arquitecto solo quería hacer este triángulo a partir de dos partes iguales.

1. Divide el triángulo en mitades.

2. ¿Cómo describirías las formas creadas por las mitades?

Los visitantes del Louvre admiran las obras de arte en la Gran Galería.

Piso clásico

Todos los visitantes ingresan por el Nuevo Louvre. Pero enseguida se encuentran caminando por una de las partes más antiguas: el piso de la Gran Galería.

El piso de este recinto está hecho de **parqué**. El piso de parqué es diferente de otros pisos. Usa pequeños trozos de madera para crear diseños. El piso es muy fácil de limpiar. Solo se necesita trapearlo día de por medio. No se mancha fácilmente. Si se derrama algo, se puede secar. Si alguna vez se raya, solo hace falta pulirlo.

¿Pero por qué el piso de parqué recibe tanta atención de los visitantes? ¿Qué puede tener de especial un piso antiguo? Es famoso por su diseño. El Louvre fue el primero en tener piso de parqué con este diseño. A tantas personas les encantó el diseño que recibió el nombre del museo. Se venden pisos que se ven iguales. Por esa razón, el piso en la Gran Galería es una obra de arte.

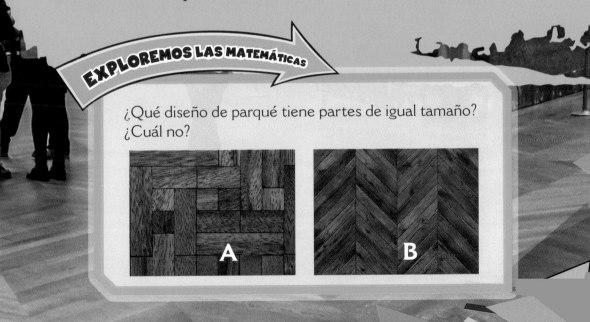

EXPLOREMOS LAS MATEMÁTICAS

¿Qué diseño de parqué tiene partes de igual tamaño?
¿Cuál no?

A   B

La experiencia de los visitantes

Los visitantes del Louvre deben elegir dónde quieren comenzar su recorrido. La mayoría toma un mapa gratuito del vestíbulo. Los mapas están en 13 idiomas. Por eso los visitantes tienen muchas probabilidades de conseguir el que necesitan.

Los mapas no son la única manera de recorrer el Louvre. Las **audioguías** son otra opción. Los turistas pueden descargar o rentar audioguías que brindan información sobre el Louvre y sus obras de arte.

Algunos visitantes prefieren escuchar a una persona en vivo en lugar de una grabación. Por eso eligen las visitas guiadas. El recorrido "Las obras maestras" es el más popular. Muestra algunas de las obras de arte más famosas del Louvre.

Esta pintura, que muestra la ceremonia de coronación de Napoleón I, es parte del recorrido "Las obras maestras" en el Louvre.

Los visitantes del Louvre escuchan las audioguías mientras observan las obras de arte.

Ya sea que los visitantes elijan explorar solos o con algún guía, la mayoría quiere ver las obras desde cerca. Pero las piezas son invaluables y **frágiles**. ¡Algunas tienen miles de años! Si las tocan, se arruinarán.

Una mujer con discapacidad visual recorre una estatua de la Galería Táctil con sus manos.

El personal del Louvre quiere que los visitantes tengan una experiencia completa. Por lo tanto, construyeron la Galería **Táctil**. Aquí, los visitantes pueden tocar **réplicas** de 20 esculturas. De esta manera, pueden ver y tocar sin dañar las obras reales. Se usaron materiales auténticos como **bronce** y piedra para recrear las obras de arte. Las réplicas se ven y sienten iguales que las piezas reales.

EXPLOREMOS LAS MATEMÁTICAS

Imagina que este es uno de los salones del museo. Hay cuatro exhibiciones planificadas para este lugar. Cada exhibición necesita la misma cantidad de espacio. Muestra al menos dos maneras de dividir el cuadrado en cuatro partes iguales o cuartos.

Apetito artístico

¡Recorrer un gran museo puede darte hambre! Por suerte, el Louvre tiene 15 lugares para comer. Un **café** se encuentra justo debajo de la pirámide. Los otros están distribuidos en todo del museo. Unos pocos están en los jardines. Algunos venden bocadillos rápidos. Otros, comidas completas. ¡Y hay algunos que solo tienen postres!

Francia es famosa por sus postres. En un café del Louvre se venden deliciosas **crepes**. Una crepe es como un panqueque delgado. Puede ser una comida si se la rellena con cosas como jamón y queso. O se la puede acompañar con ingredientes dulces como chocolate y fresas. A muchos visitantes les encanta comer sus crepes en los patios, en el corazón de los jardines del Louvre. Desde comidas formales hasta postres deliciosos, el Louvre tiene algo para cada uno.

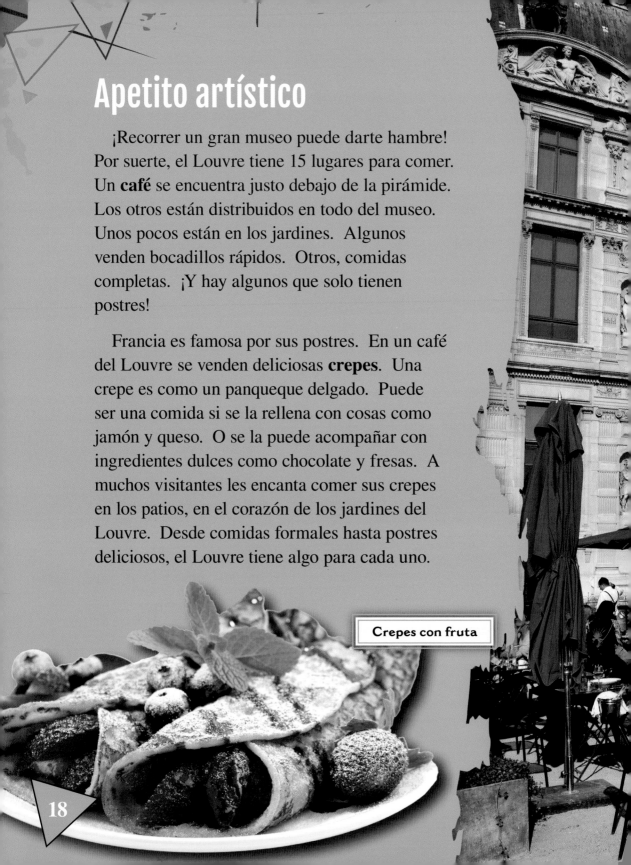

Crepes con fruta

Imagina que ocho amigos comparten una crepe gigante. Divide la crepe en ocho partes iguales, u octavos.

Obras de arte

Por supuesto, ¡hay más para ver en el Louvre que solo comida! La mayor atracción del Louvre son sus obras de arte.

La Gioconda

La Gioconda es imperdible. Leonardo da Vinci pintó el retrato a principios de los años 1500. Fue trasladado al Louvre en 1797. Muchos visitantes se asombran al ver lo pequeño que es. Pero el tamaño no es lo único de lo que hablan los turistas. La mayoría de ellos no están seguros de si sonríe.

Los visitantes del Louvre esperan horas para tener la oportunidad de ver *La Gioconda* de cerca.

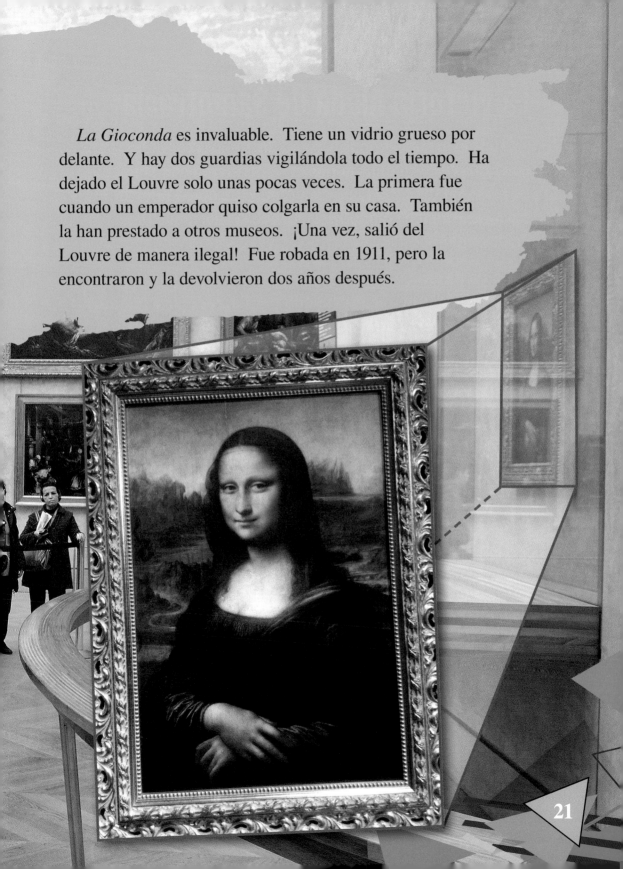

La Gioconda es invaluable. Tiene un vidrio grueso por delante. Y hay dos guardias vigilándola todo el tiempo. Ha dejado el Louvre solo unas pocas veces. La primera fue cuando un emperador quiso colgarla en su casa. También la han prestado a otros museos. ¡Una vez, salió del Louvre de manera ilegal! Fue robada en 1911, pero la encontraron y la devolvieron dos años después.

La Victoria Alada de Samotracia

No solo artistas famosos como da Vinci crearon las obras en el Louvre. Algunos nombres se perdieron con el tiempo. El personal del Louvre no está seguro de quién talló la *Victoria Alada de Samotracia*. ¡Pero sí saben que tiene más de dos mil años!

La escultura de 18 ft (5 m) de alto estaba en Grecia. Los expertos piensan que fue tallada para agradecer a la diosa griega Victoria. Cuando fue encontrada en la década de 1860, no tenía pies, brazos ni cabeza. Aun así, sigue siendo la obra de un genio.

La Victoria y su vestido largo y holgado fueron tallados en **mármol**. El escultor usó grandes bloques para tallar la estatua pieza por pieza. Luego, se ensamblaron todas las partes. Debe de haber llevado años terminarla.

EXPLOREMOS LAS MATEMÁTICAS

Imagina que hay seis estudiantes de arte que quieren hacer esculturas con arcilla. Pero hay un solo bloque de arcilla. Muestra al menos dos maneras en que se puede dividir el bloque de arcilla en seis partes iguales, o sextos.

La *Victoria Alada de Samotracia*

23

Los visitantes del Louvre admiran las joyas de la corona de Francia.

¿Qué más puede ser arte?

Cuando la mayoría de la gente piensa en arte, piensa en pinturas y esculturas. Y el Louvre tiene bastantes. Pero una obra de arte puede ser más que solo pinturas y esculturas.

El Louvre también tiene joyas excepcionales. Colgantes, gemelos, aretes y anillos del pasado están en exhibición. Algunos son de oro macizo. Otros tienen grandes diamantes. El Louvre posee algunas de las joyas de la corona de Francia.

El Louvre también tiene muebles, tapetes, cristalería y **cerámica** para que vean los visitantes. Pero no se trata de sofás viejos y polvorientos. Hay tronos enormes y sillas delicadas. ¡Incluso hay camas gigantes que ocupan todo un salón! Todo esto se exhibe en el museo.

Los muebles son algunas de las piezas más extravagantes del museo.

El escultor Tony Cragg frente a su estatua *Versus* en el Louvre

Puertas al pasado y al futuro

Podría parecer que el Louvre solo ofrece una mirada al pasado. Pero el Louvre también ha sido el hogar de algunas piezas más modernas. Tony Cragg, un escultor contemporáneo, exhibió su trabajo en el museo en el 2011. El Louvre también tiene nuevas sedes en Lens y Abu Dabi. Estas permiten que más visitantes puedan ver lo que el Louvre tiene para ofrecer.

¿Puedes ofrecer algo único al Louvre? Si ese es el caso, es probable que quieras ser algo más que solo un visitante. ¿Cuál es tu estilo artístico? ¿Te gusta pintar, dibujar o esculpir? ¿Tomas fotografías o haces joyas? Sigue creando. ¡Algún día, millones de personas podrían ver tus obras de arte en el mundialmente famoso Louvre!

El Louvre de Abu Dabi en construcción

⚙️ Resolución de problemas

La famosa pirámide de cristal del Louvre se construyó porque la entrada antigua no era lo suficientemente grande para todos los visitantes. Al principio, a algunos no les gustó la pirámide. Pensaban que se veía demasiado moderna. Pero la pirámide se convirtió en una parte fundamental del Louvre. Como se trata de un **punto de referencia** tan importante, el museo quiere estar seguro de que el cristal siempre brille.

Cada cara triangular de la pirámide está hecha con cientos de figuras de cristal y cada una necesita limpieza. Actualmente, este trabajo se realiza con robots a control remoto. Pero la limpieza solía hacerse con personas que trepaban por los laterales de las pirámides. Imagina que los limpiadores de ventanas dividen el trabajo para que cada uno limpie una parte igual de cada rombo.

1. ¿Cómo se puede dividir este rombo en dos, tres, cuatro, seis y ocho partes iguales?

2. Si cada persona solo limpia una parte, ¿qué fracción tendría que limpiar la persona?

Un robot a control remoto limpia el cristal de la pirámide principal en el Louvre.

Glosario

arquitecto: una persona que diseña edificios

audioguías: grabaciones que guían a las personas en un recorrido

bronce: un tipo de metal que generalmente tiene color marrón amarillento

café: un pequeño restaurante donde se venden comidas y bebidas sencillas

cerámicas: objetos realizados con arcilla cocida

crepes: panqueques delgados hechos con harina

frágiles: que se dañan o rompen fácilmente

gobierno: un grupo de líderes que toma decisiones para un país o una región

mármol: un tipo de piedra, generalmente de color blancuzco

palacio: un hogar oficial de un miembro de una familia real

parqué: una superficie hecha de trozos de madera que encajan para formar un diseño

patio: un espacio abierto rodeado por un edificio o grupo de edificios

punto de referencia: una estructura importante de un lugar

réplicas: copias hechas con un molde en el que se vierte material o se lo presiona

táctil: relacionado con el sentido del tacto o que lo afecta

Índice

Soluciones

Exploremos las matemáticas

página 9:

Las respuestas variarán, pero deben incluir dos partes de igual tamaño. Respuestas posibles:

página 11:

1. Las respuestas variarán, pero deben mostrar el triángulo dividido en mitades.

2. Son triángulos.

página 13:

B tiene partes iguales; *A* no.

página 17:

Las respuestas variarán, pero deben incluir cuatro partes iguales.

página 19:

página 22:

Las respuestas variarán, pero deben incluir seis partes iguales. Respuestas posibles:

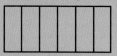

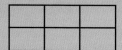

Resolución de problemas

1. Las respuestas variarán, pero deben incluir mitades, tercios, cuartos, sextos y octavos. Respuestas posibles:

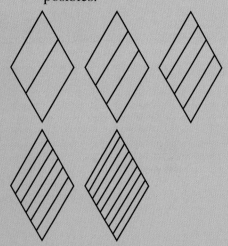

2. $\frac{1}{2}, \frac{1}{3}, \frac{1}{4}, \frac{1}{6}, \frac{1}{8}$